もくじ

④
大けんきゅう！

生きものの
なぞなぞ

81-106ページ

①
ひっしょう！

スポーツの
なぞなぞ

3-28ページ

⑤
ちきゅうをとびだせ！

うちゅうの
なぞなぞ

107-132ページ

②
ときあかせ！

学校の七不思議の
なぞなぞ

29-54ページ

⑥
大ぼうけん！

きょうりゅうの
なぞなぞ

133-156ページ

③
スリルまんてん！

乗りものの
なぞなぞ

55-80ページ

こたえ 157-159ページ

イラスト　たてじまうり／千秋ユウ／夕陽みか／
　　　　　森永ピザ／愛野おさる／Lyon
デザイン　佐々木麗奈
DTP　　　徳本育民
編集協力　坂口柚季野／髙橋敦（フィグインク）
校正　　　鷗来堂

スポーツのなぞなぞ

びっしょう！

ぼくたち運動はすきなんだけど、スポーツについては
まだわからないことだらけなんだ。
大会に出れるように、いろんなスポーツにちょうせんだ！

かける

いちか

しょう

スポーツ大会でめざせ優勝！

大きなスポーツ
大会がひらかれる
ことになったよ！
勝つぞー！！

①
貝が二つある
式ってなあに？

②
行進の中にいる
動物ってなあに？

③
行進をしている
気温ってなん度かな？

G
H

マメ
ちしき
サッカー、テニス、ラグビーの人気スポーツを
考えたのは、全部イギリスなんだって

4

生徒なのに
先生をしているって
どういうことかな？

A B C D E F

victory

マメちしき　月でスポーツをやったことがあるって知ってた？
人がはじめて月に行ったときに、月の上でゴルフをやったんだよ

かれいにシュートを決めよう！

🏆① 「1000手（しゅ）」って なあに？

🏆② 「ルフルフルフルフルフ」って どんなスポーツかな？

まずはバスケ！
みんなで
パスをまわして
シュートだ！

ミニクイズ　バスケで一回（いっかい）のシュートで、一番高（いちばんたか）い点数（てんすう）ってどれかな？
❶2点（てん）　❷3点（てん）　❸5点（てん）

バスケットボールを始めるとあらわれる、二種類の「フェンス」ってなぁに？

「ダンダンダンダンダンダンダンダンダンシュート」ってなぁに？

4-5ページのこたえ
1 開会式　2 牛　3 0度（行進＝パレード）
4 生徒が選手宣誓（せんせい）をしている

ひっしょう！スポーツのなぞなぞ

だれが一番はやく泳げるかな？

プールでとっくん！たくさん泳いで体力をつけるよ！

1

プールに入るときにあびる「わ」ってなあに？

2

プールの中にある「めん」ってなあに？

3

プールのまわりにある「いど」ってなあに？

ミニクイズのこたえ　❷ 遠い方の線からシュートを入れると、3点が入るんだ

8

④ クロールを泳ぐ選手の水着ってなにいろかな?

⑤ 声を大きくする「ほん」ってなあに?

⑥ 天井にある大きな「いと」ってなあに?

⑦ おすもうさんがいるのは海かな?岸かな?

⑧ ぐるぐるまわるプールの中で泳ぐときれいになったよ。これってなあに?

陸上きょうぎにちょうせんだ！

走るだけじゃなくていろんなきょうぎがあるんだね！

ぼうたかとびにまぎれこんでいる二ひきの鳥ってなあに？

きょう安心するスポーツってなあに？

6 ライト　7 岸（りきし）　8 洗濯機

きょうぎじょうに
ある車ってなあに？

走りながらわたす、
これってなあに？

8-9ページ
のこたえ

1 シャワー　2 水面(すいめん)　3 プールサイド
4 黒(くろ)(クロール)　5 メガホン

千本ノック、ばっちこーい！

全部のボールを
キャッチしよう！
絶対に
負けないぞ

1

野球場にある
二つの「ちゃ」って
なぁに？

2

高く打ち上げた
ボールが
サクサクホクホクに
なっちゃったよ。
どうしてかな？

マメちしき　ホームランを打っても、ちゃんと全部のベースを
ふまないと、アウトになっちゃうんだって

12

やさいってなあに？

ピッチャーが投げる

なあに？

とけちゃう人って

あたためると

◀◀ こたえは17ページ

10-11ページ
のこたえ

1 タカ、トビ　2 競歩（きょう、ホッ）　3 トラック
4 バトン（馬豚）

ボールめいろから
ぬけ出せるかな？

スタート

野球ボール▶サッカーボール▶バスケットボールの順にひとマスずつ進んで、ゴールをめざそう！ななめには進めないよ！

ゴール

一対一で いざ、勝負だ！

二人の
しんけん勝負！
どっちも
がんばれー!!

チームのみんなを
まとめる人は
なん点かな？

サッカーで
たくさん得点を
入れる「イカ」って
なあに？

ゴールを
守っている選手が
ジャンケンをすると
なにを出すかな？

サッカー選手は
話をすることと
話を聞くこと、
どちらが得意かな？

12-13ページ
のこたえ

1 ピッチャー、キャッチャー　2 フライをあげたから
3 バッター（バター）　4 カブ（カーブ）

みんなでおうえん楽しもう！

とっても
大きな会場だね！
まいごに
なっちゃいそう

① アリーナ席にいる虫ってなあに？

② 選手がはいている「スパイ9」ってなあに？

③ どひょうの上にいる「トリ」ってなあに？

18

④ パスでも
きれいに円をかく
ときに使う
「パス」ってなあに？

⑤ タコがきょうそう
したら、なんばんに
なったかな？

⑥ おうえんが得意な
アルファベットって
なあに？

⑦ フットサルの会場に
まぎれこんでいる
動物ってなあに？

⑧ ゴホンゴホン言いながら
見ている人がいるのは
どこかな？

てっぺんめざして
のぼるぞ！

思ったよりも
高く感じるよ！
ぼくはのぼるのが
とくいみたい

① のぼってわたって
おりてくる
ものってなあに？

② 山と石を合わせたら
なにになるかな？

7　サル（フットサル）
8　観客席、応援席（「せき」をしているから）

上にも下にも行かないけど、「のぼり」と「くだり」があるものってなぁに？

落ちるとうれしいものってなぁに？

1 アリ（アリーナ）　2 スパイク　3 すもうとり
4 コンパス　5 9番（吸盤）　6 L（エール）

正しいところにタックルしよう！

ならんでいる文字を一文字変えると、スポーツの名前になるよ。入れかえる文字のボールを選んで、その場所にタックルしよう！

1

ギフトボール

ソ
バ
レ
ゴ

？

どのボールを持って、どこにタックルすればいいのかな？

2

バターボール

レ ゴ ソ バ ?

3

ビスケットボール

ソ バ

レ ゴ

く こたえは157ページ

20-21ページ
のこたえ

1 歩道橋　**2** 岩（山＋石）　**3** 電車

4 よごれ

みんなでつないでアタックチャンス！

① バレーボールのトスでやってはいけない「トス」ってなあに？

② バレーボールやテニスのコートにあって、パソコンやけいたい電話にもあるものってなあに？

③ 一番たくさん勝った人はなん勝かな？

みんなの心をひとつにして、チャンスを決めよう！

マメちしき バレーボールのネットの高さは、なんと2メートル以上！ みんながどんなに背のびしてもとどかないよね

ひっしょう！ スポーツ の なぞなぞ

じゅんびオッケー
絶対勝つぞ！

いよいよきょうは
大会の日！
いままでの
とっくんの成果を
見せよう！

1
いつも気合いが
入っている
魚ってなあに？

2
まけはまけでも
うれしい
「まけ」ってなあに？

7 （スペース）シャトル　　8 ボウリング

かちはかちでも
布（ぬの）でできている
「かち」ってなあに？

どんなスポーツ選手（せんしゅ）も
のぼろうとするものって
なあに？

こたえは31ページ

24-25ページ
のこたえ

1 落（お）とす　2 （インター）ネット　3 優勝（ゆうしょう）
4 しんぱん　5 メダル　6 給水（きゅうすい）（9すい）

まんなかに入る文字を見つけよう！

とっくんで学んだことをふくしゅうするよ！
やじるしの方向に読むと、漢字二文字の言葉になるみたいなの。
二つの□に当てはまる漢字はなにかしら？

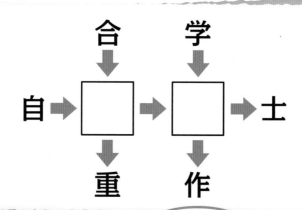

```
        合          学
        ↓          ↓
自 →   □   →    □   → 士
        ↓          ↓
        重          作
```

スポーツに関係する二文字の漢字だよ！
ぼくはこれがあまりなくてくろうしたな…

おれは走るのがすきだったからけっこう自信があったかな！

こたえは157ページ

28

とき あかせ！

2

学校の七不思議の
なぞなぞ

なかよしの四人で、夜にあつまって
学校の七不思議を調べることにしたんだ！
おばけも怖いけど、先生にばれないか少し心配…。

あかね　あきら　しんや　みのる

ときあかせ！
学校の七不思議のなぞなぞ

夜の学校ってちょっとこわい…

夜にみんなで
会うのって
変なかんじだね

1

朝は小学生を飲みこんで、夕方にはき出すものってなあに？

○○小学校

2

まっくろなときは見られないけど、白くなるとみんなに見られるものってなあに？

ミニクイズ
校長先生がやる大事な仕事はどれかな？
❶ 給食の味見　❷ 校庭のごみ拾い　❸ 校門の開閉

30

４
いつ見ても、一足のくつが置きっぱなしなのってどこかな？

３
学校にある、高くてひくいものってなぁに？

26-27ページのこたえ

１ エイ（「えい！」と気合いを入れる）　２ おまけ

３ ハンカチ　４ 表彰台

学校の七不思議のなぞなぞ

ピアノをひくのはいったいだれ…？

だれもいない
はずなのに…
ピアノの音色が
聞こえるよ…

1 この楽器ってなあに？

よしよし ♪

2 この楽器ってなあに？

" ム

3 この楽器ってなあに?

バキッ

4 この楽器ってなあに?

石像がわらったり ないたり…？

美術室に来てみたらいろんな表情の石像が…

1

いろいろな色のごみを出しながら短くなるものってなあに？

2

絵をかくときに使うことがある「バス」ってなあに？

3

なにも買えなくて、見ることしかできない「さつ」ってなあに？

マメちしき　美術の世界では絵を消すときに、消しゴムじゃなくて食パンで消すことがあるんだって

34

4 絵の具が入っている、ネズミのおならってなあに？

5 ブタが勝っちゃう道具ってなあに？

6 毛が抜けてしまうと役に立たない道具ってなあに？

7 たくさんの歯がならんでいるけど、かまずに木を切るものってなあに？

8 上に「チョウ」が乗っている、木をけずる道具ってなあに？

32-33ページのこたえ
1 リコーダー（利口だ）　2 ドラム
3 オルガン（折る、ガン＝銃）　4 木琴（金）

人体模型がおいかけてきた！

1 理科室においてある車ってなあに？

2 火をつけるのにこおるといわれるものってなあに？

きゃ～!!
どこかかくれる場所をさがさないと…!

7 のこぎり　　8 彫刻刀

34-35ページ
のこたえ

1 色えんぴつ　2 キャンバス　3 かんさつ
4 チューブ　5 トンカチ（豚、勝ち）　6 筆

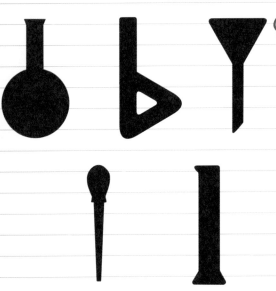

同じ道具はどれだろう？

上のシルエットになっている5つの道具を、左にある理科室のたなの中からさがしてね。どこにあるかな？

理科室にはいろんな道具があるね！暗いとよく見えないなあ

ミニクイズ　ほのおの色で一番あつい色はどれかな？
① 赤色　② 黄色　③ 白色　④ 青色

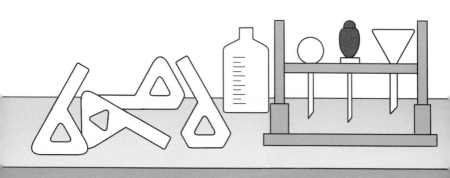

いつもの教室に来てみたけど…

ぼくたちのクラスにきたよ どこからか人の気配がするような…

1
教室で人数分ある「え」ってなあに？

2
算数の時間でもないのに生徒がひいたりかけたりしているものってなあに？

ほうきやちりとり、
モップなどを
みんな飲みこんで
じっとしている
ものってなあに？

きょう
貸してくれる
ものってなあに？

マメ
ちしき
理科室のイスに背もたれがないのは、実験中あぶなかったときに、
すぐにげられるようにするためだよ

黒板の暗号が意味するものは？

この数字になにか意味があるのかも……

黒板に書かれている不思議な言葉と数字。
なんて書いてあるのか、わかるかな？

❶ だるま
5 7 4

なんでい
1 2 3 6

❷ かれえ
4 6 5

はやく
1 2 3

まきを背負って、本を読んでいる銅像ってなあに？
❶ 一宮金次郎　❷ 二宮金次郎　❸ 三宮金次郎

❸ おちゃみんな
4 8 9 1 2 3

こうらぞれ
5 10 6 11 7

❹ めだかのがっこう
16 15 13 3 4 5 6 7

らいぶはあるよな
14 12 10 8 9 2 1 11

40-41ページ のこたえ
❶ つくえ　❷ イス　❸ そうじ用具入れ（ようぐいれ）
❹ 教科書（きょうかしょ）

とびらのむこうにいるのはだれ…？

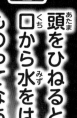

2 頭をひねると口から水をはき出すものってなぁに？

1

野球でもやる、中に人がいるときにすることってなぁに？

3 トイレに行くたびにやせていくものってなぁに？

だれかがこっちをのぞいてるよ…もう帰りたいよー！

ミニクイズのこたえ ② 二宮金次郎は頭がとてもよくて、たくさんの貧しい村を助けてあげたんだって

見えないけど、
聞こえる「そら」って
なあに？

42-43ページ
のこたえ
❶なんでまだいる　❷はやくかえれ　❸みんなおこられちゃうぞ
❹よるのがっこうはあぶないからだめ

とつぜん声が聞こえてきた！

体育館にいけ〜〜

消火栓

① 6をおすと始まるものってなあに？

びっくりした！
でもこの声
どこかで聞いた
ことあるような…

2 ものを
つつむ
部屋って
なあに？

3 スピースピーと
ねむっている
車ってなあに？

4 音が
鳴っているのは
どこからかな？

こたえは51ページ

44-45ページ
のこたえ

1 蛇口　　2 ノック　　3 トイレットペーパー

4 （ドレミファ）ソラ

ひみつのトンネルを
かけぬけよう！

体育館の前にあるさくらの木まで近道で行こう！
色のマークはトンネルの入り口で、もうひとつの
おなじマークのところに出られるよ！

さくらの木のかげに見えたのは…

1 こわい0ってなあに？

2 木をささえている動物ってなあに？

3 こわくてにげだしちゃう虫ってなあに？

4 うらにあるごはん屋さんを教えてくれたおばけはなんと言っていたかな？

さくらの木の前まで来たよ！体育館まで急ごう

50

5 雨の日によく見る
ようかいってなあに?

6 おばけがすきな
「めん」ってなあに?

7 さくらがさいたら
出てくるごみって
なあに?

8 人からほめられる
「木」ってなあに?

先生たちのネタばらし！

1 とつぜん あらわれる「クリ」ってなあに？

2 安心したときに 飲むのは あったかいもの？ つめたいもの？

おばけの正体は
先生たちだったのね…
もう夜の学校には
しのびこみません！

ときあかせ！
とくべっへん
学校の七不思議の
なぞなぞ

この言葉はなにかな？

先生たちにしかられて、反省するようにってこの問題を宿題に出されたんだ。
どういう意味なんだろう？

数字が**1**から**5**までになっているのも関係ありそう！

・今日のよてい・

1 うすさん
2 おがくん
3 くいたい
4 どとくう
5 せつかい

上から下に読むのはあんまり関係なさそうだな

横の順番を入れかえたらなにか言葉ができそう…？

こたえは158ページ

スリル
まんてん！

③ 乗りものの なぞなぞ

なかよしきょうだいで、おじいちゃんに会いにいくんだ。
すごく遠いところだけど、
乗りものにはたくさん乗れるから、とっても楽しみ！

とうま

あき

なつや

バスに乗って さあ、出発だ！

① 路線バスの中にある「かわ」ってなあに？

② 三つの目を光らせて車をあやつるものってなあに？

三人だけで おじいちゃんの家に行くことになったよ！ ぶじにつけるかな？

ミニクイズ ほんとうにあるバスってどれかな？
① 川を走るバス　② 空を走るバス　③ 地下を走るバス

家の中で、大きな乗りもののある部屋ってなあに？

いつもバスを待っているのに、バスには乗らないものってなあに？

52-53ページ
のこたえ

1 びっくり　　2 あったかいもの（ホット＝ホッとするから）
3 リハーサル　　4 太鼓

乗りたい電車はどれかな？

① 電車に乗るときにもっている、あぶないものってなあに？

② あまりお客さんの乗っていない電車ですることってなあに？

③ かぜをひいた人が乗った電車はこんでいたかな？すいていたかな？

電車がいっぱい！
どの電車に乗ったらいいんだろう？

④
とびはねて
楽しそうな「きっぷ」って
なあに?

⑤
駅は駅でも、
森の中にあって、
カブトムシがすきな
「駅」ってなあに?

⑥
駅は駅でも、
人間の体の中にある
赤い「駅」ってなあに?

⑦
駅は駅でも、
電車が急に
とまる「駅」って
なあに?

⑧
駅は駅でも、
学校が休みに
なってしまう
電車ってなあに?

56-57ページ
のこたえ

1 つりかわ　　2 信号機
3 バスルーム　4 バス停

あっという間に遠くに来たよ！

1 人の話を聞かない電車ってなあに？

2 「1000ろ」ってなあに？

3 かいぞくがテストで二点をとったらどんな電車になるかな？

4 いくら電車に乗ってもお金がかからない人がいたよ。どうしてかな？

すごいスピードで進んでいくよ！けしきもきれいだな

5 樹液 **6** 血液 **7** 急ブレーキ（急ブレ駅）
8 急行（休校）

5 満員電車にある「くつ」ってなぁに?

6 電車が駅に近づくといつも落とすものってなぁに?

7 駅にいる「チョウ」ってだれかな?

8 せんろの上に「もの」がのっている乗りものってなぁに?

はたらく車が大集合！

とても話ずきな
車ってなあに？

トラを食べた
車ってなあに？

いろんな車が
あるね！
ぼくも運転
してみたいな

なにもくれない
車ってなあに？

あげないよ〜

おかし

道でひろう車って
なあに？

くこたえは67ページ

63

60-61ページ
のこたえ

1 機関（聞かん）車　2 線（千）路
3 快速電車（かいぞくの「ぞ」の点二つをとった）

はんにんを
追いかけろ！

スリル
まんてん！
乗りもの
の
めいろ

一つ目の角を左に、次の交差点を右に、今度は二つ目の交差点を左に曲がり、また二つ目の交差点を左に、そして道の右側にあるビルににげこんだみたい。はんにんはどのビルにいるかな？

スリル
まんてん！

乗りものの
なぞなぞ

がんばれ!! しょうぼうしさん

火事が発生！
早く火が
消えます
ように…

火事のときに
とんでくるのは
どんな「こ」かな？

はじっこに「5」と
書いてある車って
なあに？

ミニ
クイズ
火事やけがのときにかける電話番号ってどれかな？
❶177 ❷117 ❸119

③ 飛行場の火を消したら
なになるかな？

④ 火事のときに
大切な小さい「カ」って
なあに？

62-63ページ
のこたえ

1 ショベル（しゃべる）カー　2 トラクター（トラ、くった）

3 クレーン（くれん）車　4 タクシー

急いで！けが人を病院へ！

1
とめていると苦しくなる「きゅう」ってなあに？

2
きみが乗っている「きゅう」ってなあに？

救急車出動！
いろんな「きゅう」をみつけたよ

見ていると
まぶしい
「きゅう」って
なあに？

とっても急いでいる
「きゅう」って
なあに？

66-67ページ
のこたえ

1 火の粉　2 はしご車（はし5車）
3 工場（「ひ」が消えた）　4 消火（小「カ」）

自転車にのって どんどん進もう！

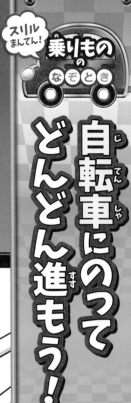

自転車のカギが
しまっているみたい！
ロック番号
はこれだよ！

ミニクイズ　自転車のブレーキのかけかたで正しいのはどれかな？
❶ 右から　❷ 左から　❸ 両方同時に

70

1085

自転車のロックを
はずすために、とうまが番号を
聞いてまどに書いてくれたよ。
でも「1085」と回しても
ロックははずれなかった。
なんばんにすればいいのかな？

68-69ページ
のこたえ

1 呼吸　2 地球　3 電球　4 緊急

飛行機でひとっとびだ！

① 飛行機に乗っているとっても大切な人ってだれかな？

② 空からふってきた「シュート」ってなぁに？

飛行機に乗ってやっとおじいちゃんの家ね！

ミニクイズのこたえ
② 左（後ろのタイヤ）→右（前のタイヤ）の順でかけたあとは両方とも使って止まろう

飛行機の中で
頭に「パイ」を乗せている
人ってだあれ？

飛行機に乗ったときに
食べると、ステーキが
ステーになってしまったよ。
どうしてかな？

70-71ページ
のこたえ

2801（「2801」と書いたのをまどの反対から見たため
「1085」に見えた）

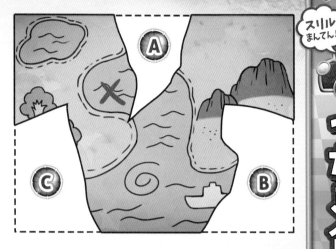

乗りもののなぞとき

宝の地図をつなぎ合わせよう

おじいちゃんの家についたわ！ごほうびに宝の地図をくれたけど…

おじいちゃんにもらった地図が3か所やぶれていたよ。Ⓐ、Ⓑ、Ⓒにあてはまるのは右の❶〜❾のうち、どれかな？
形と絵をヒントに、きれはしをつなぎ合わせよう！

ミニクイズ 太陽がのぼる方角はどれかな？
①北 ②南 ③西 ④東

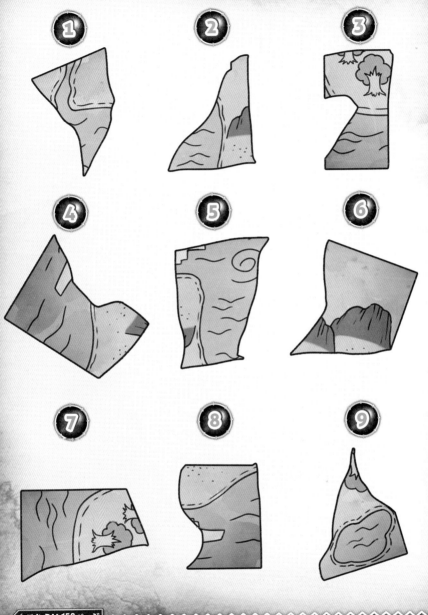

＜ こたえは158ページ

72-73ページ
のこたえ

1 機長（貴重）　　2 パラシュート
3 機内食（「き」ない食）だから　　4 パイロット

75

お宝をめざして！大海原へ出発だ

こんどは大きな
船で海へ行くよ
すごい
はくりょく！

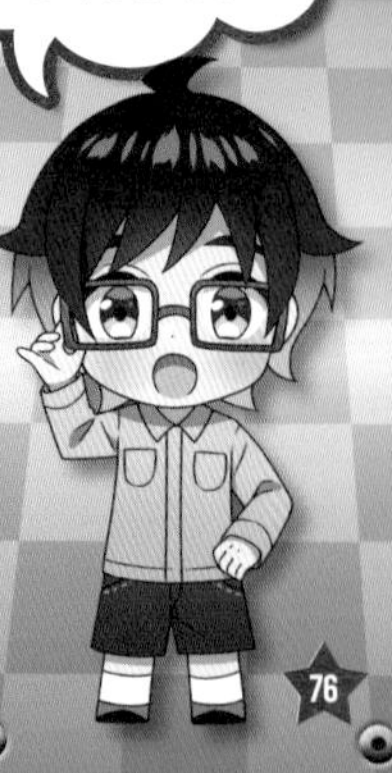

1 ぐるぐる回っている「しお」ってなあに？

2 乗るのにくろうする船ってなあに？

3 船に乗っている二つの数字の単位ってなあに？

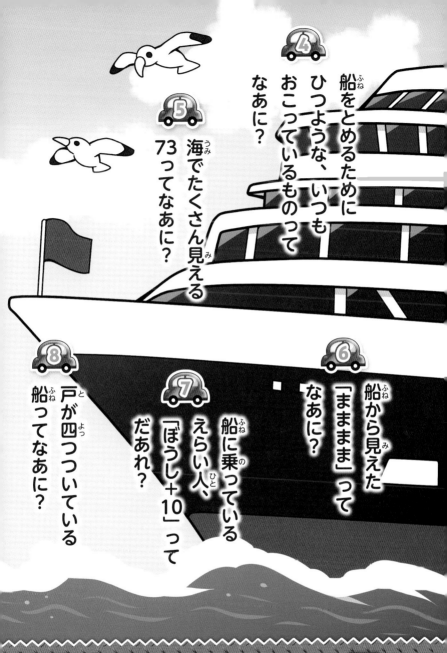

④
船をとめるために
ひつような、いつも
おこっているものって
なあに？

⑤
海でたくさん見える
73ってなあに？

⑥
船から見えた
「ままま」って
なあに？

⑦
船に乗っている
えらい人、
「ぼうし＋10」って
だあれ？

⑧
戸が四つついている
船ってなあに？

マメ
ちしき
船にはブレーキがないんだ。止まるときは、スクリューを逆回転させて、
少しずつスピードを落とすよ

暗い海を進むと…お宝発見！

あんまりセンスがない海の乗りものってなあに？

深海にいるあまそうな魚ってなあに？

ついに見つけた！ほんとうにあったよおじいちゃん！

7　キャプテン（キャップ＝ぼうし、テン＝10）

8　ヨット（4戸）

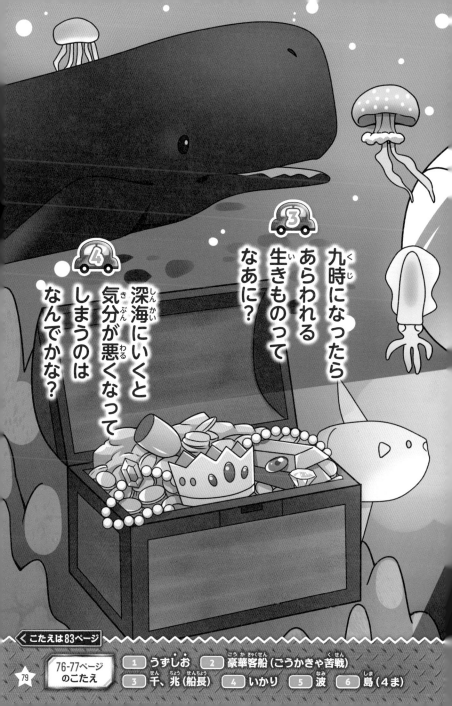

九時になったら
あらわれる
生きものって
なあに？

深海にいくと
気分が悪くなって
しまうのは
なんでかな？

こたえは83ページ

76-77ページ
のこたえ

1 うずしお 2 豪華客船（ごうかきゃ苦戦）
3 千、兆（船長） 4 いかり 5 波 6 島（4ま）

宝箱の中の
あんごうをとこう！

おじいちゃんが教えてくれた宝箱から、
古い紙が出てきたんだ。
カタカナと絵がたくさんかいてあるんだけ
ど、いったいどういう意味なんだろう？

絵はなにを
あらわしているのか
わかるかしら？

「 ゛」がついている
絵もあるよ！
むずかしいね～

くこたえは158ページ

80

4

大けんきゅう！

生きものの なぞなぞ

自由けんきゅうの宿題が出て、動物ずきなまなぶから、
生きものの記録をつけようとさそわれたんだ。
三人でいろんな生きものと出会うぞ！

まなぶ

たけお

ゆうま

ふれあい ひろば

かわいい動物とふれあおう！

学校の宿題で
生きものの
記録をつけていく
ことにしたよ！

1 おやしきではたらく動物ってなあに？

2 どこかへ行ってしまう動物ってなあに？

ミニクイズ　カピバラはどの動物の仲間かな？
① ウマ　② ウサギ　③ イヌ　④ ネズミ

82

4
星（ほし）がついてる
動物（どうぶつ）ってなあに？

3
おふろばにいる
動物（どうぶつ）ってなあに？

78-79ページ
のこたえ

1 潜水艦（せんすいかん）（センスいかん）　2 あんこう　3 クジラ
4 深い（ふかい）（不快（ふかい））から

みんなフワフワモコモコ

1 鼻があって、目があって、歯が出ていて、歩く「バラ」ってなぁに？

2 カミソリをソリに変えたのはヤギとロバどっちかな？

3 高い木にかかったすずをならす動物ってなぁに？

4 箱があるとすぐにパカッとあけちゃう動物ってなぁに？

草原には動物のむれがいるみたい　行ってみよう！

モコモコエリア

7 としを聞かれたときに出てくる動物ってなあに？

6 「たまご」を「まご」にしちゃう動物ってなあに？

5 新しく来た牛のことをなんていうかな？

10 お正月に出てくるのはどんなゾウかな？

9 かんばんの中にかくれている動物ってなあに？

8 パンを見つけたら思わずさけんでしまう動物ってなあに？

こたえは88-89ページ

82-83ページのこたえ

1 ヒツジ（執事）　**2** サル（去る）
3 ロバ　**4** ハムスター

生きもの大けんきゅう! の えさがし

にげだした動物をさがそう！

下のシルエットにいない動物が二ひきいるよ！どの動物かな？

大はくりょく！
二ひきの力くらべ

1
動物園でもう十頭
ほしがっているのは
どんな動物かな？

2
イモの上に乗る
ことがある動物って
なあに？

強そうな
動物たちだ！
あまり近づかないで
おこう…

5　乳牛（ニュー＝新しい）　　6　たぬき（た抜き）　　7　サイ
8　パンダ（パンだ！）　　9　カバ　　10　おぞうに

4
人気のない
「ヒョウ」って
なあに？

3
ワニがひっくり
返っていた場所って
どこかな？

84-85ページ
のこたえ

1 カピバラ
2 ヤギ（カミを食べてソリだけのこった）
3 キリン（木、リン）
4 アルパカ

海辺にいるのはなんだろう？

1 カニやカメがすきな飲みものってなあに？

2 たのまれてなにか買いに行く「かい」ってなあに？

海辺にも生きものがたくさんいるね　みんなでかんさつしてみよう！

ミニクイズ　このなかで、本当にある砂の形ってどれかな？
① 星の形　② 三角形　③ 四角形

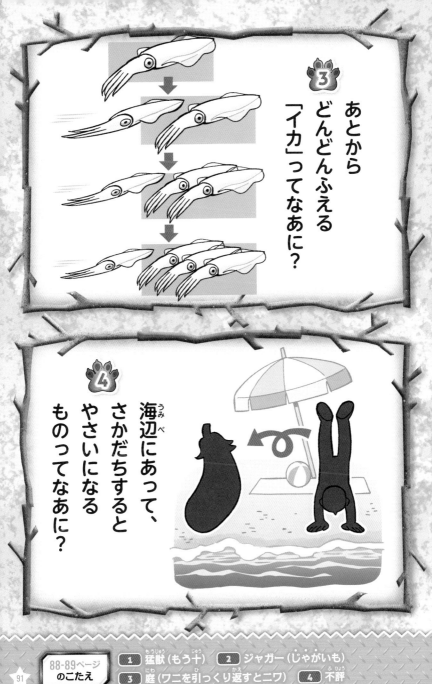

3

あとから
どんどんふえる
「イカ」ってなあに？

4

海辺（うみべ）にあって、
さかだちすると
やさいになる
ものってなあに？

1 猛獣（もうじゅう）（もう十）　2 ジャガー（じゃがいも）

3 庭（にわ）（ワニを引っくり返すとニワ）　4 不評（ふひょう）

しんぴてき！キラキラの海の中

海の中も
たんけんだ！
いろんなお魚が
いっぱいいるぞ

① 朝起きるときに あらわれる魚って なあに？

② お腹がすいたときに あらわれる 魚ってなあに？

4 お酢が大すきな魚ってなあに？

3 海の中にいる35ってなあに？

90-91ページ のこたえ

1 コーラ（こうらがある）　**2** おつかい

3 追加（ツイカ）　**4** すな（逆から読むとなす）

暗やみにひそむ生きものは…

どうくつの中は
暗くて見えにくい
けど、なにか
いるみたい！

① 森の中で子育てが得意な生きものってなあに？

② とびらのかげにかくれている動物ってなあに？

ミニクイズ　目があまり見えない生きものってどれかな？
① カエル　② トカゲ　③ ヘビ　④ カメ

94

あながあると思わず
行ってしまう
動物ってなぁに？

③

足が百本ある
生きものって
なぁに？

④

森でかつやくする
ハンターたち

こんなところに
おいしそうな
キノコを発見！
食べてみよう！

①

へんしんしたり
かくれたり
することが得意な
「カメ」ってなあに？

②

入れものをもって
とぶ鳥って
なあに？

③ ヘビはあまり目が見えていないんだけど、ものの熱を感じて、まわりの環境がわかるんだよ

96

③
三回勝った
トカゲみたいな形の
「ウオ」って
なあに？

④
前はやさい、うしろは
木がたくさんある
生きものって
なあに？

94-95ページ
のこたえ

1 コウモリ（子守り）　2 ト（＝とびら）カゲ
3 イグアナ（行く、あな）　4 ムカデ（漢字で「百足」と書く）

小さくなった!? 虫たちが目の前に

どうやら
キノコのせいで
小さくなっちゃった
みたいだ!

1
水曜日と火曜日に
食べたくなる
ものってなあに?

2
はたけをたがやす
道具をもっている
虫ってなにがたかな?

3
64か5って
なあに?

マメ
ちしき
ミツバチは、一回はりでさしちゃうと自分が死んじゃうんだって。だから人をさすことはめったにないみたい

4
ひらがなや
カタカナの作文が
得意（とくい）な虫（むし）って
なあに？

6
チョウはチョウでも、
思（おも）い出（で）を書（か）く
「チョウ」って
なあに？

5
チョウはチョウでも、
葉（は）をくれる
「チョウ」って
なあに？

8
チョウはチョウでも、
日（ひ）がのぼりはじめるころの
「チョウ」ってなあに？

7
チョウは
チョウでも、
秋（あき）に黄色（きいろ）くいろづく
「チョウ」って
なあに？

もとに
もどるために
さなぎ長老の
ところへ行こう！

1

美容院にいる
虫ってなあに？

2

待ち合わせをすると
いつも相手より
先についてしまう
虫ってなあに？

6 日記帳　7 いちょう　8 早朝

③
5＋3って
どんな虫かな？

④
「ややややや」の
親ってどんな
虫かな？

101

98-99ページ
のこたえ

1 スイカ（水、火）　2 クワガタ　3 むしかご
4 カナブン（かな文）　5 アゲハチョウ（あげ葉チョウ）

さなぎ長老の
なぞときにいどめ

虫にくわれているのは
食べものの名前じゃ！なんて
書いてあったか、わかるかの〜？

① ピザ

みんなで
力を合わせて
こたえを
みつけ出そう！

マメちしき　イモムシがサナギになって、チョウチョになることを
羽化っていうんだ

100-101ページ
のこたえ

 カミキリムシ　 マツムシ　 ハチ

 トンボ（や5＝ヤゴ、トンボのようちゅう）

生きものたちの記録をつけよう！

ぶじにもとの
大きさにもどれたよ！
さあ、宿題を
まとめよう

1

ロクはロクでも、
サイコロを使う
「ロク」ってなあに？

2

ロクはロクでも、
えいぞうを
のこしておく
「ロク」ってなあに？

ロクはロクでも、
選手がよろこぶ
「ロク」ってなあに？

ロクはロクでも、
おまけについている
「ロク」ってなあに？

こたえは109ページ

102-103ページ
のこたえ
1 ピザ　2 ぎゅうどん　3 にぎりずし
4 カレーライス

105

宿題のせいせきは…?

記録をていしゅつした先生から、せいせきが返ってきたんだけど、絵と文字がまざってるんだ。せいせきはどうだったんだろう?

 オツ 3

10 ◯

動物のどれかはとちゅうで文字を半分に区切って読むよ〜

さいしょの絵はなんだろう?つくえにも見えるけど、二文字のものだって

こたえは158ページ

⑤

ちきゅうを とびだせ！

うちゅうの なぞなぞ

なかよし三人チームで、うちゅうを旅することにしたんだ！
いったいうちゅうってどんなところなんだろう？
楽しい出会いもあるといいな！

すばる

ぼくと

みづき

アオリ

ちきゅうを
とびだせ！
うちゅうの
なぞなぞ

うちゅう船に乗って、出発だ！

1
ロケットを
打ち上げるときに
読むものってなあに？

2
ロケットを
打ち上げるときに
ひつような会社は
いくつあるかな？

うちゅうは
どんなところ
なんだろう？
楽しみだ！

マメ
ちしき
うちゅうってじつはとっても寒いんだ！
温度でいうとマイナス270度くらいなんだよ

③
うちゅうにむかう
とちゅうにある、
とってもきけんな
場所ってなあに？

④
ロケットに絶対に
乗るひつようが
あるのはなに人かな？

こたえは113ページ

104-105ページ
のこたえ

1 すごろく　2 録画　3 新記録
4 ふろく

左の絵には
ちがうところが
6こあるよ！
探してみてね

うちゅう人の子が
気絶してる！
助けないと！

こきょうの星まで送ってあげよう

いん石がぶつかって
うちゅう船が
こわれちゃったん
だって

1 うちゅう船どうしが
合体するときに
あらわれる
王さまってなあに？

2 いつも天気の
よい星ってなあに？

3 宇宙船で料理人が
乗る場所って
どこかな？

4 事故のげんばに
よくあらわれる
動物ってなあに？

マメちしき　いん石は一日に数万こ以上地球にむかってきているんだけど、ほとんどはとちゅうでもえつきちゃうんだって

⑤
日によって
太ったりやせたり
する星ってなぁに？

⑥
名前が「れ」の
星ってなぁに？

108-109ページ
のこたえ

1 秒（「秒読み」をする）　2 ８社（発射）
3 大気圏（大キケン）　4 エンジン

うちゅうは不思議がいっぱい

逆さまになったり
水がぷかぷか
ういたり、不思議で
とっても楽しい！

1

ウシはウシでも
うちゅうを旅する
「ウシ」ってなあに？

2

学校にはいろんな
当番があるけど、
うちゅうが生まれた
当番ってなあに？

5 月　6 流れ星（名が「れ」ぼし）

114

③ うちゅうにいると なにも食べたく なくなるのはなぜかな？

④ 人間が息をするのに ひつような 「そそそ」って なぁに？

月のうわさを
たしかめよう！

月にとうちゃく！
うさぎって本当に
いるのかな？
見に行こう！

①
つきはつきでも、
木にあなを
あけちゃう
「つき」って
なあに？

②
つきはつきでも、
本当ではないことを
言ってみんなに
いやがられる
「つき」って
なあに？

月はちきゅうの重力のなん分の一かな？
❶二分の一　❷六分の一　❸十分の一

④ つきはつきでも、おおみそかにお寺(てら)などでやる「つき」ってなあに？

③ つきはつきでも、いっしょにいる「つき」ってなあに？

114-115ページのこたえ

1 宇宙飛行士(うちゅうひこうし)　2 ビッグバン
3 空気(食う気)がないから　4 酸素(3そ)

アチチチ・太陽は近づきすぎ注意

①

暑いとせがのびて、寒いとせがひくくなるものってなあに？

近づくとあぶないよ！やっぱり太陽の熱はすごいや

②

月と太陽、重たいのはどっちかな？

太陽が出ると
あらわれて、
しずむと消えちゃう
ものってなぁに？

地球の内側にいる
あつーい「クマ」って
なぁに？

人工衛星がただよってる！

人工衛星がたくさんあるね！よく見ると変わったものもあるよ

1 いん石からもらうプレゼントってなぁに？

2 めずらしい人工衛星ってなぁに？

3 ちきゅうには一つ、うちゅうには二つあるものってなぁに？

マメちしき 人工衛星って実はとっても早く動いてるんだ。一日でちきゅうを16周もしているんだよ

④ うちゅう人の乗りものが通る道ってなあに？

⑥ うちゅう探査船についているベルってどんな「ベル」かな？

⑤ うちゅうでいつもすわっているものってなあに？

⑦ 星をよく見るための「きょう」ってなあに？

⑧ うちゅうにある「駅」ってなあに？

118-119ページ
のこたえ
1 温度計　2 太陽（重たいよう）　3 かげ
4 マグマ

うちゅうのなぞなぞ

ちきゅうをとびだせ！

知らない星をたんけんだ！

①

月と星、みんなが
自分のものにしたいのは
どっちかな？

②

洗たくものがひらひら
している「星」って
なあに？

ちきゅうに
にてるけど
ちょっとちがう…
未来の星みたいだ！

6 調べる　**7** 望遠鏡
8 宇宙ステーション（ステーション＝駅）

③
小魚がかんそうしている
「星」ってなぁに？

④
タネがあるすっぱい
「星」ってなぁに？

120-121ページ
のこたえ

1 クレーター（くれた）　2 気象（希少＝めずらしい）衛星
3 う　4 遊歩（UFO）道　5 星座（正座）

いろんなわく星もたんけんしよう！

1 火星が落っこちるときに食べるものってなぁに？

2 水にとけやすいのはなに星かな？

3 ランドセルを背負って学校に行っているのはなに星かな？

わっかがついている星があるよ！ちきゅうとはぜんぜんちがうね

マメちしき 木星はすごく大きいのって知ってるかな？直径はちきゅうの11倍もあるんだって

学校で黒板の前に立っているのはなに星かな？

すべてできあがったのはなに星かな？

こまったときに手助けをしてくれる星ってなあに？

わく星についたときにさけぶセリフってなあに？

火をつけるとよくもえる星ってなあに？

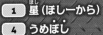

この星座の名前はなあに？

① トマトソースやチーズなどがのっていておいしいのってなにざかな？

② 足が曲がる部分ってなにざかな？

星と星を線でむすぶと、いろんなものが見えてきて楽しいね！

6 火星（加勢する）　7 「わーくせー！」

8 木星（木製）

③

短い言葉で
むかしの人のちえを
つたえるのって
なにざかな？

④

トイレで
すわるのって
なにざかな？

124-125ページ
のこたえ

1 らっかせい（落下、火星）
2 水性（水にとける性質を
水性というよ）
3 小学生
4 先生
5 完成

次はどの星？めざせイカイカ星

はじめにどの星に行けば、
5つ全ての星をまわって
イカイカ星にいけるかな？
かんばんとセリフをよく見てね！

カニカニ星

次は
カイカイ星
だよ

タコタコ星

次は
イカイカ星
やで

こきょうの
イカイカ星を見つけ
たよ！アオリちゃん
もうすぐだよ！

 ミニクイズ ちきゅうより小さいわく星はどれかな？
①土星 ②海王星 ③金星 ④天王星

ぶじにとうちゃく！元気でね！

① 星だけでできている川ってなぁに？

② 元気が出る「いと」ってなぁに？

家族に会えてよかったね！またいっしょにうちゅうを旅しよう！

③ うちゅう船がちきゅうに着いたときに出てくる木の実ってなぁに？

④ カレーはカレーでもさみしい気分になる「カレー」ってなぁに？

こたえは135ページ

128-129ページのこたえ

エビエビ星（→カニカニ星→カイカイ星→サメサメ星→タコタコ星→イカイカ星）

正しく受信できるかな？

アオリちゃんから、ちきゅうのぼくたちへメッセージがとどいたよ！でもコンピューターのエラーで文字が変になってるみたい…。
□にあてはまる言葉はなんだろう？

いっしょに ① □□□□ の ② □□□ を
③ □□□□ ！

① 　② 　③

エラーになっている
文字は、いろんな
角度から見たら
わかるかも！

文字の数も
ヒントに
なるはずだよ

こたえは159ページ

6

大ぼうけん！

きょうりゅうの
なぞなぞ

きょうりゅうずきのはるきにさそわれて
博物館にきたけど、楽しめるかなあ…。
なにかおもしろいことがおきたらいいんだけど！

まこと

はるき

れな

博物館にやって来たよ！

① 博物館に並んでいる「本」ってなぁに？

② とても古い「せき」ってなぁに？

きょうりゅうの
博物館に来たよ！
楽しみだなあ

マメちしき　イチョウの木は、きょうりゅうがいた遠い昔からずっとそんざいしていて、「生きた化石」とよばれているんだ

134

未就学児は
入場無料

③
化石をさがすときに
使う「くつ」って
なぁに？

恐竜
2020.0

④
地層の中で
一番おいしそう
なのってなぁに？

こたえは139ページ

こたえは139ページ

130-131ページ
のこたえ

1 天の川
2 ファイト
3 クリ（ちゃくりく）
4 別れ

化石はっくつ！まちがいはどれ？

下の絵には
8つのまちがいが
あるよ！
あれ？この光は
なんだろう？

大ぼうけん！
きょうりゅうのなぞなぞ

きょうりゅうの森にきちゃった!?

光につつまれたと思ったら…
目の前にきょうりゅうがあらわれたわ！

① 森は森でもあぶなくないように守っている「森」ってなあに？

② 空をとぶ黒い「森」ってなあに？

ミニクイズ きょうりゅうが先祖の動物ってどれかな？
① イヌ ② トカゲ ③ クジラ ④ トリ

③
雨がふると
あなのあいた
屋根にあらわれる
「森」ってなあに？

④
じょうぎについている
「森」ってなあに？

134-135ページ
のこたえ

1 標本　　2 化石　　3 発掘
4 ごちそう

かわいい！草食のきょうりゅうたち

① りゅうはりゅうでも
明日でも昨日でもない
「りゅう」ってなあに？

② りゅうはりゅうでも
川の上の方にある
「りゅう」ってなあに？

③ りゅうはりゅうでも
反対に流れてくる
「りゅう」って
なあに？

④ りゅうはりゅうでも
一番すぐれている
「りゅう」って
なあに？

みんな
かわいいね！
あれ？このたまご
はなんだろう？

ミニクイズ
のこたえ
④ 最近では、きょうりゅうには羽毛が生えて
いたこともわかってきたよ

140

⑤ りゅうはりゅうでも
電線を流れている
「りゅう」って
なあに？

⑥ りゅうはりゅうでも
一人で刀を二本使う
「りゅう」ってなあに？

⑦ りゅうはりゅうでも
海で船が
ただよっている
「りゅう」ってなあに？

⑧ りゅうはりゅうでも
電話で相手に
待っていてもらう
「りゅう」ってなあに？

138-139ページ
のこたえ

1 見守り　2 コウモリ　3 雨漏り
4 目盛り

ティラノサウルスから、にげろ！

大変だ！
二人ともこっちに
にげよう！
急いで！

① キバはキバでも
運動会で友だちと取り合う
「キバ」ってなあに？

② きょうりゅうに
おそわれそうなとき、
紙や絵の具がなくても
かくものってなあに？

③ なみだが出ちゃう
虫ってなあに？

ミニクイズ　ティラノサウルスが実はできないことってなにかな？
① 肉を食べる　② ほえる　③ 走る　④ ねる

142

④

食べたらとしを
とってしまう
ごはんってなぁに?

140-141ページ
のこたえ

1 恐竜（今日りゅう）　2 上流　3 逆流　4 一流
5 電流　6 二刀流　7 漂流　8 保留

大ぼうけん！ きょうりゅうのなぞなぞ

巣を発見した！もどしてあげよう

1 たまごからなにかが生まれるときにあらわれる動物ってなあに？

2 カキクケコとサシスセソ、たまごがありそうなのはどっちかな？

3 生まれそうなときにたまごに入るものってなあに？

4 たまごがかえるためにひつような「たたかい」ってなあに？

たまごのあった場所がわかったぞ！これで安心だな

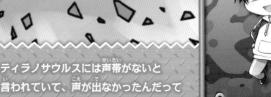

ミニクイズのこたえ **②** ティラノサウルスには声帯がないと言われていて、声が出なかったんだって

144

⑤ たまごのまんなかに
かくれているのは
だれかな？

⑦ 雪山で
おそれられている
のはだれかな？

⑥ 名前のまんなかを
かくしたら
おこってしまった
動物ってなあに？

⑧ みつはみつでも、
かくれている
「みつ」ってなあに？

⑩ いつも巣に
いない鳥って
なあに？

⑨ 101064って
どんな虫かな？

142-143ページ
のこたえ

① 騎馬戦　② 冷や汗　③ 泣き虫
④ カレー（加齢）ライス

あぶない！たまごを守らなきゃ

① たたかう二文字ってなにとなに？

② 火山がふんかしたら、空からいい返事がふってきたよ。なにがふってきたのかな？

こんどはスピノサウルスよ！こっちに注意をひきつけましょう！

6 コアラ（コラ！）　7 なだれ　8 ひみつ
9 てんとうむし　10 カラス（カラ＝空、巣）

③
強い風と冷たい雪を
使った「ぶき」って
なあに?

④
「じょじょじょじょ
じょじょじょじょ
じょ」ってなあに?

144-145ページ
のこたえ

1 カエル(たまごがかえる)　　2 サシスセソ(ス「巣」がある)

3 ひび　　4 あたたかい　　5 きみ(黄身)

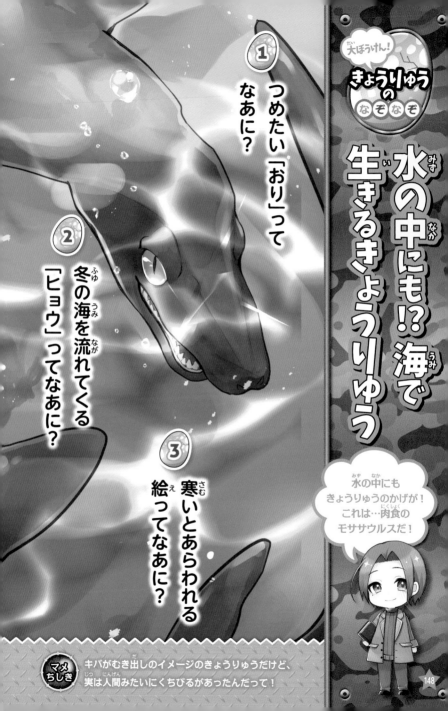

水の中にも!?海で生きるきょうりゅう

1 つめたい「おり」ってなあに？

2 冬の海を流れてくる「ヒョウ」ってなあに？

3 寒いとあらわれる絵ってなあに？

水の中にも
きょうりゅうのかげが！
これは…肉食の
モササウルスだ！

マメちしき　キバがむき出しのイメージのきょうりゅうだけど、実は人間みたいにくちびるがあったんだって！

148

④ 海にしずんでいくけど、海の中ではどこにも見つからないものってなぁに？

⑥ 海の中にある星ってなぁに？

⑤ 海の中にあるでんとうってなぁに？

⑦ ふんすいが得意な海の生きものってなぁに？

⑧ 浜辺でとれる「クリ」ってなぁに？

146-147ページのこたえ

1　バトル（バトル）　　2　灰（ハイ）　　3　ふぶき
4　救助（9じょ）

空とぶきょうりゅうのおんがえし

① 夏によく見る、羽があるけどとべないものってなあに？

② 時計ではかる鳥ってなあに？

たまごを守ったお礼にプテラノドンが助けてくれたわ！

7 クジラ　8 ハマグリ

150

④
ネズミがものを
食べるのって
どこかな？

③
よく晴れた日よりも
どんよりしているときに
よく見えるものって
なあに？

こたえは155ページ

148-149ページ
のこたえ

① こおり　② 流水　③ ふるえ
④ 太陽　⑤ 懐中（海中）電灯　⑥ ヒトデ

みんなで
もとの時代に帰ろう！

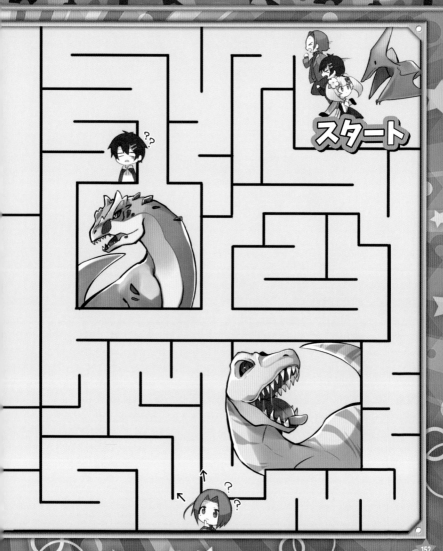

スタート

こたえは159ページ

ただいま！博物館に帰って来られた

1

ふるさとに帰って
来た人を出むかえる
花はなあに？

2

帰って来た人を
むかえる
「えり」ってなあに？

ぶじに帰って
これたよ！
きょうりゅうたち
かっこよかったな！

マメちしき
世界ではじめてきょうりゅうのたまごが発見されたのを
記念して、4月17日はきょうりゅうの日になってるんだよ

③ なにかを
したときにのこる、
重いものって
なぁに？

④ なにかを
思いうかべるときに
あらわれる
『ゾウ』ってなぁに？

こたえは159ページ

150-151ページ
のこたえ

1 せんぷうき　2 トキ（時）　3 雲
4 空中（食う、チュー）

きょうりゅうのなぞなぞ　どの「きょうりゅう」が入るかな？

「きょうりゅう」問題にチャレンジしてみよう！

こたえはぜんぶ「きょうりゅう」のどれかの文字を使ってできているよ。

さぁ、わかるかな？

① 自然にできる白いけむりのようなもの 🦖🦖

② おとといの明日の明日 🦖🦖🦖

③ つけものなどにする、細長いみどり色のやさい
🦖🦖🦖

④ はたらいている人がもらえるお金
🦖🦖🦖🦖🦖

きょ……りゅ…う…？うーん…もう少しでひらめきそうなんだけど……

足あとの数だけ文字を入れてね！

こたえは159ページ

こたえ

14-15ページ

① ひっしょう！ スポーツの なぞなぞ

28ページ

	合		学	
自→	**体**	→	**力**	→士
	重		作	

22-23ページ

ならんでいる文字を二文字変えると、スポーツの名前になるよ。入れかえる文字のボールを選んで、その場所にタックルしよう！

38-39ページ

理科室の棚から、シルエットになっている5つのものをさがしてね

② ときあかせ！ 学校の七不思議の なぞなぞ

① さんすう
② おんがく
③ たいいく
④ どうとく
⑤ せいかつ

48-49ページ

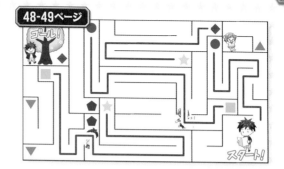

64-65ページ

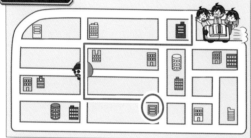

80ページ

タカラハホカニモカクシタ
ホシカッタ（ー）ラ
セカイジュウヲサガセ

74-75ページ

86-87ページ

106ページ

ダイボウケンオツカレ（ー）サン
ヒョウカワ（ハ）ニジュウマル

110-111ページ

132ページ

1 うちゅう
2 へいわ
3 まもろう

136-137ページ

152-153ページ

156ページ

1 きり
2 きょう
3 きゅうり
4 きゅうりょう

154-155ページ のこたえ

1 ききょう（帰郷）
2 おかえり
3 思い出（重いで）
4 想像

著者

小野寺ぴりり紳　　おのでらぴりりしん

1959年生まれ。おもにパズル、クイズ、なぞなぞなどの問題作成を手がける。出題スタッフとして多湖輝氏の『頭の体操』シリーズ(光文社)、ナゾ制作スタッフとしてゲームソフト『レイトン教授』シリーズ(レベルファイブ)にも参加。「小野寺紳」の名で書いた書籍も多い。

〈著書〉
『超スペシャル版 ひっかけクイズ』(ポプラ社)
『天才バカボン バカ田大学なぞなぞ入学試験第1回』(講談社)
『頭のストレッチ 謎解きパズル』(高橋書店)
『いちばんたのしい! なぞなぞ大集合』(高橋書店)
『みならい魔女のなぞなぞ 魔法のカードをあつめよう』(大泉書店)
『ひらめき大冒険! 王国のパズル』(PHP研究所)　など多数

わくわく　かっこいい 男の子のなぞなぞ

著　者　小野寺ぴりり紳
発行者　高橋秀雄
編集者　亀井未希
発行所　**株式会社 高橋書店**
　　　　〒170-6014 東京都豊島区東池袋3-1-1 サンシャイン60 14階
　　　　電話　03-5957-7103
ISBN978-4-471-10385-9　©TAKAHASHI SHOTEN　Printed in Japan

本書の内容についてのご質問は「書名、質問事項(ページ、内容)、お客様のご連絡先」を明記のうえ、郵送、FAX、ホームページお問い合わせフォームから小社へお送りください。
回答にはお時間をいただく場合がございます。また、電話によるお問い合わせ、本書の内容を超えたご質問にはお答えできませんので、ご了承ください。
本書に関する正誤等の情報は、小社ホームページもご参照ください。

【内容についての問い合わせ先】
　書　面　〒170-6014 東京都豊島区東池袋3-1-1 サンシャイン60 14階
　　　　　高橋書店編集部
　ＦＡＸ　03-5957-7079
　メール　小社ホームページお問い合わせフォームから　(https://www.takahashishoten.co.jp/)

【不良品についての問い合わせ先】
　ページの順序間違い・抜けなど物理的欠陥がございましたら、電話03-5957-7076へお問い合わせください。ただし、古書店等で購入・入手された商品の交換には一切応じられません。